The Moon Who Played Hide and Seek

La Luna Que Jugaba Al Escondite

Copyright © 2024 Samuel John

Once upon a time, in a magical kingdom beyond the clouds, there was a bright and playful princess named Moon.

Érase una vez, en un reino mágico más allá de las nubes, una princesa brillante y juguetona llamada Luna.

Moon was special and magical. She could change shape and had a silver skin full of spots.

Luna era especial y mágica. Podía cambiar de forma y tenía una piel plateada llena de lunares.

Moon loved playing hide-and-seek with her friend, Earth.

———

A Luna le encantaba jugar al escondite con su amiga, la Tierra.

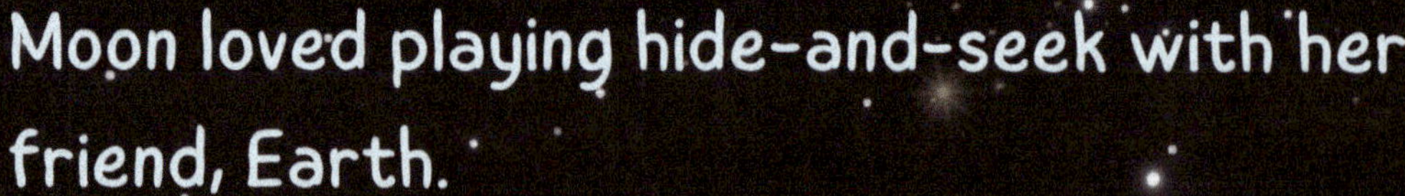

Every day, Moon would hide. And then, every night, she would appear in the sky and say, "Here I am, dear Earth!" And so, their game would begin.

Cada día, Luna se escondía. Y después, cada noche, aparecía en el cielo y decía: "¡Aquí estoy, amiga Tierra!" Y así comenzaba su juego.

When Moon looked complete and round, like a big cheese in the sky, the children of Earth would watch her in great awe. That was the phase of the Full Moon, when she showed her entire face to Earth.

Cuando Luna se veía completa y redonda, como un gran queso en el cielo, los niños de la Tierra la observaban con gran asombro. Esa era la fase de Luna Llena, cuando Luna mostraba toda su cara a la Tierra.

But Moon was very mischievous and liked to play at changing her appearance. So, she began to hide part of her face.

Pero Luna era muy traviesa y le gustaba jugar a cambiar de aspecto. Así que empezó a ocultar parte de su cara.

At first, it was just a small area, but gradually, she started to conceal more and more of her face.

Al principio, era solo una pequeña zona, pero, poco a poco, iba ocultando cada vez más su rostro.

That was the phase of the Last Quarter.

Esa era la fase de Cuarto Menguante.

Every day, Moon hid a little more. Until one night, Moon decided it would be fun to hide completely.

Cada día, Luna se ocultaba un poco más. Hasta que, una noche, Luna decidió que sería divertido ocultarse totalmente.

"Oh no! Where is Moon?" the children began to wonder.

That was the phase of the New Moon, when she hid entirely from Earth.

———————————

"¡Oh, no! ¿Dónde está Luna?", comenzaron a preguntarse los niños.

Esa era la fase de Luna Nueva, cuando Luna se escondía totalmente de la Tierra.

But Moon. didn't want to hide for long. She missed her friend, Earth. So slowly, she began to show herself again.

Pero Luna no quiso esconderse por mucho tiempo más. Extrañaba a su amiga, la Tierra. Así que poco a poco empezó a mostrarse de nuevo.

Each night, she grew a little more. But this time, she showed the opposite side compared to the Last Quarter phase. This was the phase of the First Quarter.

Cada noche iba creciendo un poco más. Pero esta vez mostraba el lado contrario que en la fase de Cuarto Menguante. Esta era la fase de Cuarto Creciente.

Moon grew and grew until she once again became a big Full Moon.

Luna creció y creció, hasta que volvió a convertirse en una gran Luna llena.

The children of Earth asked Moon, "Why do you change your shape so many times?"

Moon smiled and replied, "I like to play at changing shapes. But also, because I want to teach you about the lunar phases."

Los niños de la Tierra le preguntaron a Luna, "¿Por qué cambias tantas veces de forma?"

Luna respondió sonriente, "Me gusta jugar a cambiar de forma. Pero también es porque quiero enseñaros las fases lunares".

The children were also curious about the spots all over Moon's body. "What are those marks you have all over you?" they asked.

Los niños también sintieron curiosidad al ver la piel de Luna llena de lunares. "¿Qué son esas marcas que tienes por todo el cuerpo?", preguntaron.

Moon explained that they were scars caused by rocks traveling through space.

"But they don't hurt," Moon said. "They're called craters, and each one of them tells a story and makes me special."

Luna explicó que eran cicatrices causadas por el impacto de rocas que viajan por el espacio.

"Pero no duele", dijo Luna. "Se llaman cráteres, y cada uno de ellos cuenta una historia y me hacen especial".

And so, Moon continued to play with Earth, hiding during the day and appearing every night.

Y así, Luna siguió jugando con la Tierra, escondiéndose durante el día y apareciendo cada noche.

The children of Earth learned to recognize the phases of the Moon: New Moon, First Quarter, Full Moon, and Last Quarter.

Los niños de la Tierra aprendieron a reconocer las fases de la Luna: Luna Nueva, Cuarto Creciente, Luna Llena y Cuarto Menguante.

And they also understood that Moon's craters were memories of her long journey through space.

____

Y también entendieron que los cráteres de Luna eran recuerdos de su largo viaje por el espacio.

And Moon, with her bright silver light and her craters full of stories, remained forever a mysterious and wonderful nighttime spectacle...

Y Luna, con su brillante luz plateada y sus cráteres llenos de historias, siguió siendo para siempre un misterioso y maravilloso espectáculo nocturno...

...reminding us of how extraordinarily magical the universe we live in truly is.

———

...recordándonos lo extraordinariamente mágico que es el universo en el que vivimos.

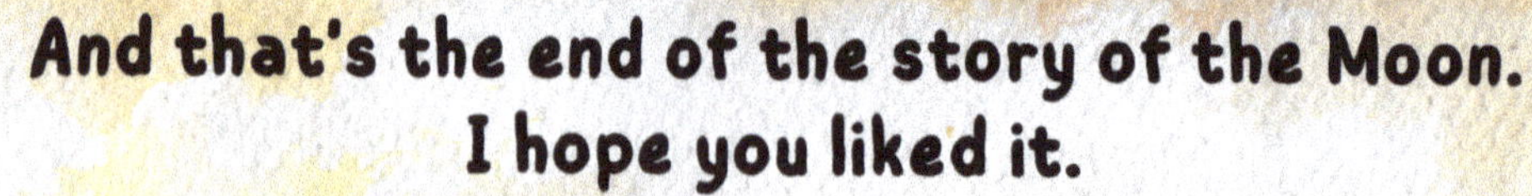

And that's the end of the story of the Moon.
I hope you liked it.

Y colorín colorado, este cuento de la Luna ha
terminado y espero que te haya gustado.

MOON PHASES → FASES DE LA LUNA

NEW MOON
LUNA NUEVA

FIRST QUARTER
CUARTO CRECIENTE

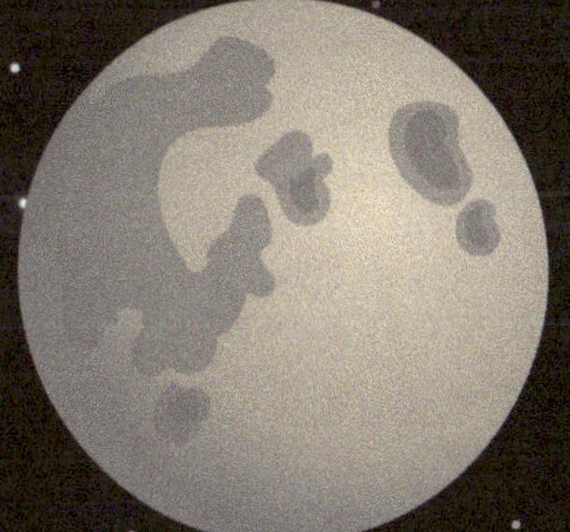

FULL MOON
LUNA LLENA

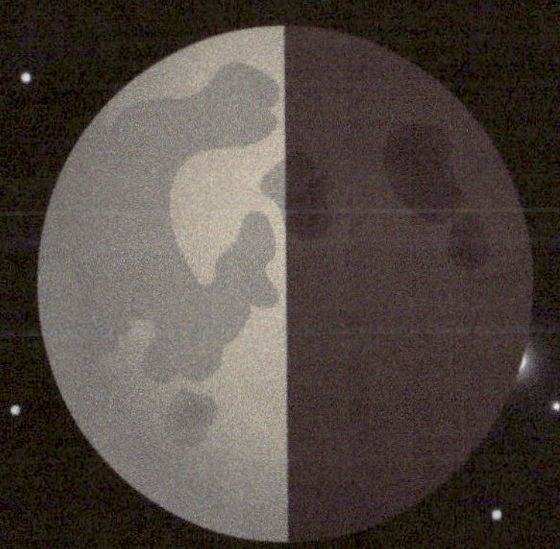

LAST QUARTER
CUARTO MENGUANTE

Help the rocket reach the Moon

Ayuda al cohete a llegar hasta la Luna

I want to ask you a favor so that this book reaches more people, and that is that you rate it with a sincere opinion on the platform where you purchased it.

With that small gesture, you will be helping me to carry on with new projects.

I can't wait to start creating my next book for you!

Thank you in advance for taking time to share your experience. I appreciate your support!

See you soon!

Quiero pedirte un favor para que este libro llegue a más personas, y es que lo valores con una sincera opinión en la plataforma donde lo hayas adquirido.

Con ese pequeño gesto me estarás ayudando a continuar con nuevos proyectos.

¡Estoy deseando empezar a crear mi próximo libro para ti!

Gracias de antemano por dedicarme unos segundos de tu tiempo para compartir tu experiencia. ¡Gracias por tu apoyo!

¡Hasta pronto!

LEARN WITH OUR
EDUCATIONAL CHILDREN'S BOOKS

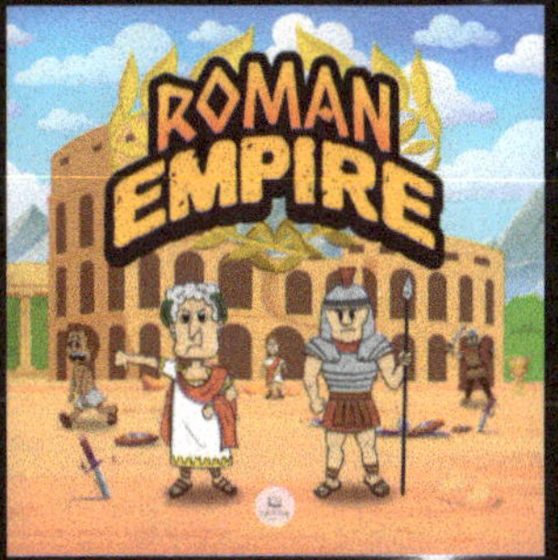

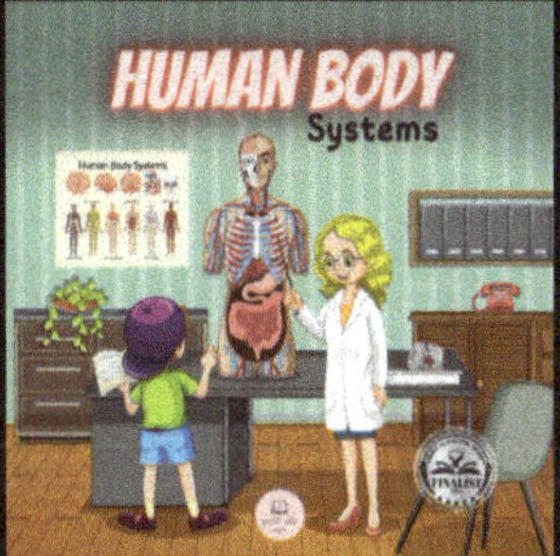

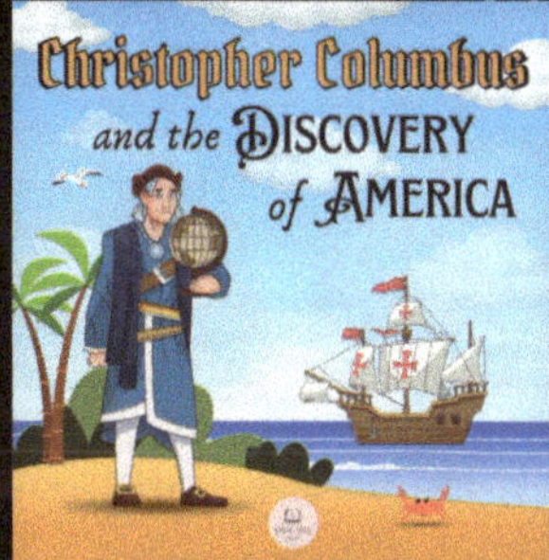

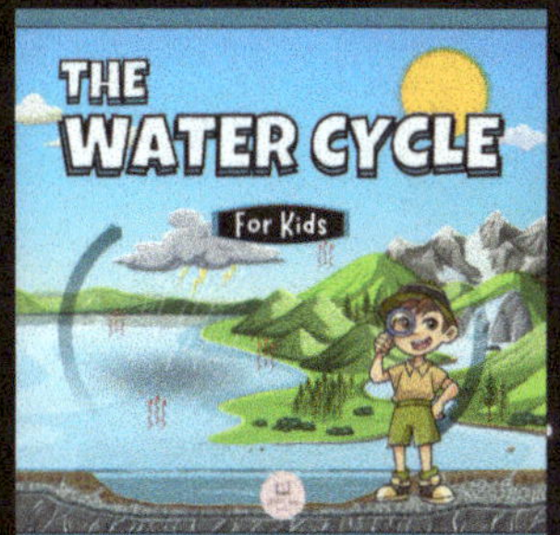

APRENDE CON NUESTROS
LIBROS INFANTILES EDUCATIVOS

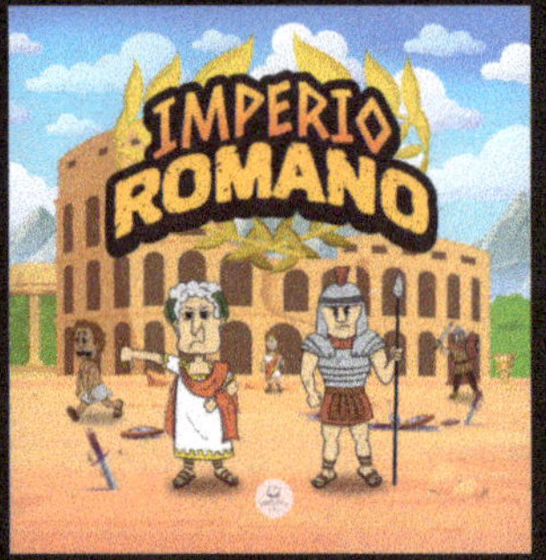

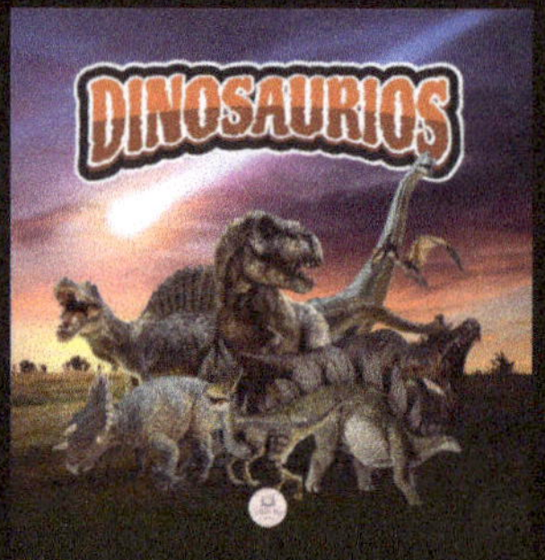

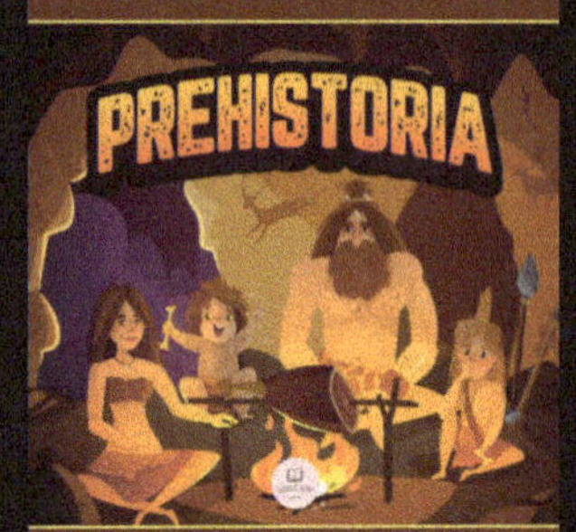

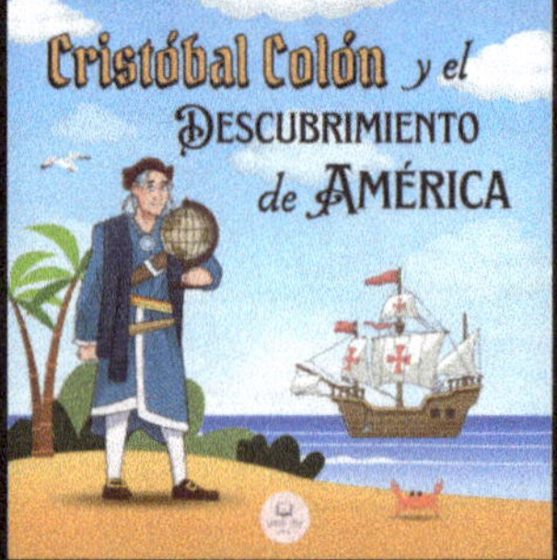

BILINGUAL BOOKS FOR CHILDREN
LIBROS BILINGÜES PARA NIÑOS

Samuel John
BOOKS

www.pge.me/childrensbooks
contacto@samueljohnbooks.com
www.facebook.com/bookssamueljohn/
www.amazon.com/author/samueljohnbooks